Conficciones

Diálogo en torno a la literatura

Gustavo Esmoris

Jorge Majfud

Sobre el autor

Gustavo Esmoris nació en Montevideo, el 26 de enero de 1959.

Ha publicado siete libros: *Detrás de la noche* (Poesía, Ediciones de la Banda Oriental, 1992), *Calles vacías* (Poesía, Ediciones de la Banda Oriental, 1998), *Adyacencias* (Poesía, Ediciones de AEBU, 2002), *Un viejo octubre roto* (Novela, Rumbo Editorial, 2007), Ciudad Perdida (Novela, Ediciones del Rincón, 2011), *Será que nací al Sur* (Poesía, Ediciones del Rincón, 2013) y *Las distintas invenciones* (Poesía, Ediciones del Rincón, 2021).

En 2005 obtuvo el Premio Onetti, por la novela *Un viejo octubre roto*, y en 2009 obtuvo la Primera Mención del mismo concurso por la novela *Ciudad perdida*. En 2014 fue invitado a la Feria Internacional del Libro de Cuba, donde presentó dos de sus libros y participó de diversas lecturas.

Conficciones

Diálogo en torno a la literatura

Gustavo Esmoris

Jorge Majfud

ediciones dyskolo

Conficciones
Diálogo en torno a la literatura
Gustavo Esmoris
Jorge Majfud

Colección: Crónicas
1ª edición: mayo 2025
Publicado por Ediciones Dyskolo. Albatana (AB)
http://www.dyskolo.cc
ISBN: 9788412825978
Depósito Legal: AB 345-2025
Impreso en España
Edición realizada con la participación:

Imagen de portada de Davyd Markovskyi (@marik_m – Licencia Unsplash)

Descargar ebook

Índice

Prólogo

Como escritor, uno aspira a entender la literatura de un modo que no se planteaba en su alegre época de lector puro. Definitivamente, los escritores somos seres heridos, que mediante una construcción social que nos fue cedida, intentamos combatir y transformar una realidad que golpea fuerte. No es la única visión: también existe una literatura exclusivamente funcional a la ley del mercado y a lo supe-restructural, con todo lo que eso implica, pero en su estado puro, por su intrínseco carácter de herramienta reflexiva y sensible, la literatura es un fenómeno que tiende a modificar la estructura de los procesos cognitivos, haciendo que lo práctico vivencial comparta espacios con lo conceptual, lo cual implica nuevas formas de pensamiento, y por tanto, un potencial cuestionamiento y detección del conjunto de ideas dominantes. En ese marco, la necesaria reflexión sobre estos temas conduce, inevitable y afortunadamente, a un diálogo entre creadores. De esa forma, desde la indagación y la deliberación, en un intercambio franco entre escritores, lo empírico sucede a teórico y lo teórico a lo empírico, generando un espiral ascendente, en el que la dialéctica deriva siempre en nuevas tesis y antítesis.

Gustavo Esmoris, 2025.

Conficcionario

Gustavo Esmoris: *La idea de reflexionar, en un ida y vuelta sobre diferentes temas, es una invitación más que interesante. Lo difícil será ordenarse, intuir por donde hincarle la llave a este universo tan vasto. Algo que me preocupa, para empezar, da base a una teoría que fui construyendo de un modo empírico, a partir de un prólogo que escribí para el libro* Todos los gatos son negros *del autor cubano Yunier Riquenes, no sé si a partir de una idea enteramente propia, o si de algún modo estoy —como tantas veces sucede— inventando la pólvora a nivel teórico. Básicamente, el planteo consiste en la sospecha o cuasi certeza de que los escritores estamos en una especie de cuarentena, tanto en relación a los lectores como con el resto de los colegas, y que a ese aislamiento solo escapan «por buena conducta» los escritores, llamémoslos de algún modo, «funcionales» al sistema capitalista. Pero no solo el libro, moldeado o no, exhibido o no, descartable o no, es la causa de lo que está sucediendo; el fenómeno es* *de una profundidad difícil de medir y entender, si se busca un diagnóstico. Tal vez la poesía, como género, resulte la prueba de lo que puede estar sucediendo: mientras que la narrativa puede falsificarse de un modo eficaz, la poesía simulada, cuando raramente sucede, es inmediatamente descubierta. Aquello de que «la poesía no se vende porque la poesía no se vende» parece jugar en ese sentido.*

Jorge Majfud: Es una teoría atendible, aunque yo haría mis reparos. Una cosa es que el sistema capitalista sea el marco dentro del cual se mueven apologistas y críticos y otra es que los detractores del macrosistema no puedan escapar. Nietzsche decía que somos prisioneros del lenguaje y, en el mismo sentido, podemos vernos como prisioneros del sistema de sistemas socioeconómicos. Pero creo que la sola conciencia de ser prisioneros de algo ya significa una fractura de la misma prisión. Creerse libre no significa ninguna libertad de hecho, pero atreverse a decir que no, atreverse a intentar crear algo nuevo, sí. Cierto, la poesía ha sido más difícil de comercializar y, por consecuencia lógica, ha sido más difícil de prostituir. Los ejemplos opuestos han estado en los géneros novela y en el cine. Estos dos géneros son más proclives a satisfacer el requerimiento menor del entretenimiento y es, precisamente, el entretenimiento una necesidad radical del capitalismo: primero porque la «diversión» di-verte, dis-traerse (*dis-traction*) es decir, saca al individuo anestesiado por un momento de su rutina, de su carril para reparar sus energías. Pero la diversión, como el prostíbulo y las borracheras de bares, no buscan la conciencia sino el olvido de la realidad. Una vez consumado el sexo sin amor, la catarsis o higienización de la psiquis, el esclavo asalariado está repuesto y dispuesto a volver a su vida rutinaria, monótona, repetitiva. Se podría pensar que este es el modelo clásico de la cultura industrial. Sin embargo, así como en la anterior cultura rural la iglesia jugaba un papel central en esta diversión o distracción de la monótona vida del campesino (sin juzgar el aspecto puramente religioso del creyente, las Iglesias góticas, por ejemplo, eran el Hollywood de la Edad Media), de la misma forma Hollywood y sus derivados posmodernos cumplen la función en la cultura consumista, es decir, la cultura del último capitalismo.

El arte es otra cosa, siempre ha sido otra cosa desde hace miles de años. Puede ser divertido, pero si es arte de verdad nunca se agota ahí. Es así que el cine arte, la novela arte también han sido y son instrumentos de reflexión profunda (racional e irracional) de la realidad humana, tanto social como existencial. Pero es cierto lo que observas: la poesía ha resistido mucho mejor a la prostitución del mercado, tal vez por su propia «debilidad», por «no venderse».

G.E.: *Interesante y muy oportuna la cita de Nietzsche, y absolutamente compartible la afirmación de que la conciencia de un hecho ya genera un nuevo estado de situación que nos pone dialécticamente en camino a una solu-*

ción. *Ahora, en un campo más práctico, ¿para qué puede servir llegar a la conclusión de que efectivamente cada uno de nosotros está en una isla propia y más o menos solitaria, de acuerdo a la suerte de clausura que le tocó, si eso no genera un movimiento que intente una fuga masiva? O planteado de otro modo, ¿cuál sería la estrategia para salir de esta «prisión» de palabras, tan ideológica como socioeconómica. En mi caso, no tengo una respuesta.*

J.M.: Yo tampoco, pero podemos explorar. Desde un punto de vista existencial, todos somos islas, ya que no podemos vivir otras vidas como vivimos la nuestra, como vemos el mundo desde nuestra individualidad, desde los mismos ojos. Sin embargo, hasta la soledad más profunda, como puede serla la de un escritor marginado, esta cruzada de otros. Nos definimos y sentimos el mundo según nuestra experiencia con los otros, aunque sea remotamente pasada, como podría serlo la de un náufrago o la del único sobreviviente de una catástrofe global. De hecho, el lenguaje mismo es la memoria de los otros, no sólo de aquellos que conocimos sino de millones de otros que vivieron siglos atrás. Pero el artista debe implosionar para liberarse y liberar sus mundos, como una estrella *implosiona* generando un agujero negro que deriva, según algunas especulaciones, en otros universos. En esa implosión, que luego se llama *expresión* (presión hacia afuera) el artista solitario arrastra y procesa su realidad concreta, social, económica, cultural, ideológica, etc. Hay fuga, hay libertad existencial

pero la conciencia de estar atrapado en un sistema económico e ideológico que induce pensamientos y creencias
deriva en diferentes formas de insatisfacción y de críticas.
Naturalmente el artista puede estar equivocado en sus res-
puestas racionales al problema, pero en su impulso incon-
formista crea otros mundos ficticios y promueve la *desin-
movilización* del mundo supuestamente real, que en realidad no es más que otra ficción narrada desde el poder (la
cual crea sus propias ficciones y luego acomoda la realidad a sus intereses y necesidades). Ahora, como poeta que
ha trabajado el oficio durante muchos años, habrás leído
mucha poesía cursi, imagino. Tal vez sea más fácil ser cursi en un poema que en un cuento. A pesar de que la poesía
ha sido escrita y estudiada bajo reglas más estrictas que la
narrativa, como puede serlo la métrica clásica ¿por qué no
se ha comercializado, siendo que la producción en sus formas es más previsible? ¿No será que sí hay una poesía que
se vende y está toda haciendo dinero en las canciones? El
rap podría ser un ejemplo en Estados Unidos, pero al menos todavía, en pocos casos, le queda algo de cierta rebel-
día, aunque siempre intrascendente. Un ejemplo más radical sería la última canción de moda en todo el mundo,
Despacito. Es previsible y llena de fórmulas comerciales
desde su ritmo hasta su letra. Es «lo que se pega», como
una droga, que además pretende erigirse como el ejemplo
de la cultura latina, muy estereotipada, claro: el caribeño
vive jugando dominó en unas calles carnavalesca con sus
mujeres moviendo una minifalda y los hombres hablándo-

les con diminutivos, etc. Incluso Dady Yankee se jacta de haber aportado el verso «pasito a pasito, suave suavecito». ¿No será que está ahí la «poesía que se vende»?

G.E.: *Buen punto, en el que no había reparado suficientemente. Sin duda que las letras de canciones pueden ser consideradas, con cierta lógica, dentro del campo poético, más allá de que en su origen tengan un soporte adicional. También la poesía cursi, o la mala poesía, son puntos ciegos para la teoría, en apariencia sostenible, de que su génesis es químicamente pura. Todo esto hace pensar aún más en el tema de la soledad del escritor frente al sistema, cuando su aislamiento se hace más patente frente a estas falsificaciones casi perversas, que vienen a ocupar el lugar vedado a la auténtica literatura. Lo cual agrega o reafirma esa soledad en una suerte de espiral descendente (cuanto más se visualiza el aislamiento, más parece consolidarse en la conciencia o en el ánimo de cada autor), haciendo que las cosas ya no parezcan motivadas solo a causa de los planes del sistema económico, sino también por motivos intrínsecos a la tarea. A fin de cuentas, escribir es siempre un acto cargado de incertidumbre y pocas certezas, algo que a ojos propios y ajenos suele verse como la función más anacrónica e inútil. Pero aun perdido, desnorteado, combatido por un sistema que intenta sobornar o adormecer su sensibilidad con toda la parafernalia tecnológica, y a la vez intenta aislarlo del lector como de una enfermedad, el escritor existe y espera.*

J.M.: La idea de «literatura auténtica» siempre va a tener detractores por diferentes razones. No porque no exista la «gran literatura», como la llamaba Ernesto Sábato, ni otra que es simplemente «literatura menor». El problema es definir o clasificar cada obra en uno u otro grupo. Aunque no somos relativistas posmodernos y estamos de acuerdo en la existencia de calidad en el arte, nadie en particular puede arrogarse la autoridad de juez. Puede ser un lugar común pero no por eso deja de ser cierto: el mejor juez es el tiempo. Y tiene su lógica. Entre Cervantes y Corín Tellado, entre *Rayuela* de Cortázar y la revista *Ricos y Famosos* hay diferencias claras para aquellos escritores y críticos que, como profesionales catadores de vino, pueden oler un buen producto antes de entenderlo. Hay elementos más fáciles de discernir. ¿Es la gran literatura divertida, entretenida? No necesariamente. Para quienes han dedicado décadas a su cultivo o investigación, la «gran literatura», al menos para un público culto e intelectualmente exigente, es más interesante que divertida, pero ser divertida no es una razón excluyente. La literatura comercial, en cambio, *debe ser* entretenida, debe divertir, como el vino barato sirve para emborracharse, para olvidar. De lo contrario es un fracaso. Un fracaso comercial, porque esos son sus parámetros y esa es su razón de ser. Esto nos deriva a otro punto que acabas de considerar: la relación entre literatura, poesía, y el sistema socioeconómico dominante. La literatura, el arte, están hechos por hombres y mujeres concretos, aunque nunca, o raramente, por hombres y mujeres satisfechos con la realidad. Esos excéntricos solitarios, por causa o por consecuencia, son especialmente sensibles a su entorno social y, por su circunstancia o por su naturaleza, suelen ver el mundo por fuera de los circuitos narrativos que imponen el poder hegemónico y la costumbre, esos demonios sagrados que siempre premian con cierto estatus social y cierto confort intelectual. El aislamiento, la negación de la realidad no es una negación de la misma sino la confirmación extrema de su existencia. Incluso en la literatura que alguna vez se llamó solipsista o aquella practicada por artistas en sus «torres de marfil», significaron un diálogo conflictivo con la realidad concreta, por negación o por reacción. En el caso de los modernistas hispanoamericanos (Rubén Darío, José Martí, Rodó) todos tuvieron, incluso después de la fama dentro de sus minúsculos círculos intelectuales, un descenso abrupto a tierra y se convirtieron en escritores y poetas que, como Darío, de ocuparse de la tristeza de la princesa desde Nicaragua comenzó a escribir poemas críticos, como aquel ahora célebre sobre Theodore Roosevelt. Lo mismo le ocurrió a otro poeta mayor de América Latina como Pablo Neruda: él mismo reflexiona que cuando escribía poemas de amor (como su precoz poemario *Veinte poemas de amor y una canción desesperada*) todos le aplaudían. Pero cuando más tarde corrió su mirada al drama de su pueblo (como en *Canto general*) le enviaron la policía. No es que el amor sea un tema menor, sino todo lo contrario. El punto es cómo los poderes sociales explotan (y prostituyen) lo mejor de la condición humana.

Los apologistas del statu quo quisieron y aún intentan descalificar el arte, la poesía comprometida como «literatura menor», como si hablar del dolor de un minero sea menos literario que hablar del sexo de la princesa. ¿Acaso la *Divina Comedia* de Dante y la Capilla Sixtina de Miguel Ángel, la *Tercera* de Beethoven no están todas cruzadas de referencias sociales, políticas, incluso de tono personal? Claro que sí. Y a la lista podrá agregar casi todos los clásicos, desde Cervantes (un humanista en una sociedad crecientemente conservadora, arrogante, reaccionaria y clerical), casi todo García Lorca, y un largo etcétera. Claro que hay épocas en que la ideología y el sistema socioeconómico dominante vencen de una forma tan dramática que son capaces de imponer sus reglas reproductoras y anestesiantes. Hasta que vuelven a surgir grupos disidentes, en el sentido cultural de la palabra. La política mayor y hasta la menor (la partidaria) son parte de la realidad del arte como lo son de cualquier religión, lo cual no significa que se agoten ahí: por algo esas obras clásicas sobrevivieron a los conflictos sociales y políticas de su momento. Es por ese «algo más» que tiene la literatura, el arte, capaz de trascender los tiempos y los sistemas socioeconómicos. Pero de la misma forma que el arte puede trascender su tiempo, el artista debe trascender su arte en su compromiso social. Este es el aspecto ético de cualquier individuo, no solo de los escritores.

G.E.: *La pregunta de por qué en condiciones tan adversas (tanto en lo político como en lo económico, pero* *sobre todo en lo funcional) una persona se transforma en un escritor, y en un escritor de ficción, además —lo cual visto objetivamente puede parecer absurdo—, más que una interrogación parece una respuesta que huye de otras preguntas. Por ejemplo, de esa pregunta madre que en algún momento solemos hacernos todos los escritores, sin poder evitarlo, de para quién escribimos. Lo cierto es que la búsqueda de ese lector situado al otro lado de ese laberinto construido por tantas manos puede ser tan amplia como variada e insondable. Lo primero que me viene, en nuestra defensa, y por elevación también en defensa del lector, es la emoción como motor de lo literario. La emoción derivada de la supresión de la incredulidad, esa conmoción absolutamente real frente a lo ficcional, parece encajar como razón última. Ese goce estético —que muchas veces logra entretener, además— podría ser la explicación, y tal vez es justamente lo que se intenta evitar, ese pequeño secreto que puede abrir alguna caja que no sabrán cómo volver a cerrar.*

J.M.: Esa es otra pregunta fundamental y quizás otro ejemplo de algo que trasciende los periodos históricos y los sistemas socioeconómicos. En la Edad Media, cuando *arte* significaba seguir determinadas reglas, copiar, y la creación era una inspiración de la locura de los poetas o del demonio, muchos escribían para ganarse el cielo o el favor de los príncipes, como los músicos, como los pintores. De hecho, la narración en primera persona estaba restringida a los intelectuales fuera de la nobleza, como judíos y moros. El trabajo intelectual era un trabajo y, por lo tanto, algo vergonzoso para la aristocracia. Además, un conde, un príncipe o un rey no podían exponer su *yo*, su naturaleza interior. Eran seres superiores. Así surgen algunos mercenarios que escribían biografías o poemas épicos llenos de adulaciones (incluidos escritores de libros de medicina, como el tardío Juan Huarte en el siglo XVI). Por los siglos XIV, XV, no existía el capitalismo, pero el poder corrompía igual, como podrían probarlo escritores como Fernando del Pulgar, Fernán Pérez Guzmán y tantos otros). Unos siglos más tarde, con el Renacimiento ya pasándole la posta a la Revolución industrial, los intelectuales comenzaron a escribir en diarios y habrán advertido que sus lectores comenzaban a ser burgueses de clase media. La generación de Voltaire ya se suscribía a revistas y, a pesar de que muchos dependían económicamente de hombres poderosos, el enciclopedismo, la liberación anticlerical y la cultura antiaristocrática ya eran irreversibles en gran medida. Más tarde, sobre todo en el siglo XX, y gracias a la universalización de la educación elemental (una obvia necesidad del sistema industrial), los lectores ya eran obreros. Los intelectuales, desde la revolución humanista del siglo XV hasta la Ilustración, son motores de cambios históricos, pero, al mismo tiempo, son producto de esos mismos cambios. Del intelectual servil de la Edad Media (servil a la nobleza y a la iglesia, con excepciones) se pasa a un intelectual contestatario, disconforme, cuestionador sobre todo del poder arbitrario. Probablemente la historia de la intelectualidad durante toda la Edad Media (pongamos, para simplificar, desde 1700 hasta 1960) sea la historia de la lucha, aunque básicamente dialéctica, contra el poder. Esas, me parece, son las motivaciones y las necesidades sociales que dejan su huella en la producción de los escritores, en el sentido y objetivo de su trabajo. Es decir, ese es el componente histórico de «por qué escribimos». Ahora, también existe un nivel que podríamos llamar psicológico, estético o metafísico. Onetti decía que escribía para sí mismo. Yo no le creo, pero es una cuestión de fe. Para mí la escritura, la literatura, el arte en general y quizás cualquier otra actividad creativa humana es un fenómeno que superpone dos esferas: el individuo y la sociedad. Si es que existe algo así como un individuo sin sociedad. Un ser humano nacido y criado en absoluta soledad no sería un individuo, tal como lo concebimos desde la historia y la sociedad. Sería un individuo como un pájaro, una abeja o un pez en un cardumen. En particular, la literatura es una necesidad de comunión con el otro y con los otros que no somos pero con los cuales, asumimos, compartimos lo fundamental de la condición humana. Nuestros personajes tienen algo o todo de nosotros, pero los proyectamos como ajenos. Si no existiera este mecanismo, ¿cómo podríamos ser santos y demonios, crueles y solidarios, hombres y mujeres que actúan, sienten y expresan sus emociones más profundas? Ninguno de nosotros ha matado a nadie ni ha sido mujer, pero entre nuestros personajes hay mujeres y asesinos, por decir lo menos. ¿Cómo es posible, entonces, que hablemos de «sentimientos profundos» cuando esas proyecciones nuestras hablan o se confiesan? Esa es la magia de la literatura: al escribir en la más profunda soledad (aquí debemos hacer una diferencia entre silencio acústico y silencio psicológico, donde el segundo es lo que realmente importa), la escritura nos obliga a un desdoblamiento infinito, a una reflexión emocional y racional de la que no somos capaces cuando estamos cumpliendo con nuestras funciones ordinarias de empleados, de estudiantes o de padres cambiando pañales o de abuelos haciendo cuentas para llegar a fin de mes. En su paradójica soledad, el escritor *implota* para comunicarse con los otros. No hay forma de entenderse a uno mismo sin entender a los otros, y no me refiero al simple sentido racional sino al más amplio sentido que es capaz el arte: entender en el sentido de sentir y saber *que y qué* se está sintiendo. En el interior del escritor, del artista, están los otros y los otros, en algún un momento, se reconocerán en los personajes y en las ideas que germinan en el escritor. Aunque estamos irremediablemente solos desde un punto de vista metafísico, cada uno de nosotros somos la sociedad y los escritores intentan dar a luz esos personajes, esas realidades que ni son ellos como autores ni son la sociedad que aman o desprecian. En cualquier caso, «el otro», real o imaginario, es fundamental, condición excluyente, en cualquier arte, en cualquier pensamiento.

G.E.: *El porqué de la escritura es un tema que me interesa particularmente. Lo de Onetti lo interpreto en un sentido figurado, es decir, parecería que un buen motivo para escribir, uno de tantos pero con cierta fuerza, podría ser el de escribir lo que nadie escribirá para nosotros, escribir lo que queremos leer y no encontramos en ninguna parte. Y allí está contenida, tal vez, la emoción de lo literario como una proyección de la emoción frente a lo real. Y existe, también, esa incomodidad de la que hablaba Vargas Llosa, cuando todavía no era un «pensador» neoliberal, esa incomodidad que el escritor siente frente al mundo, y que lo hace construir otros universos paralelos en los que busca refugiarse de la realidad. Tal vez una buena reflexión sea la de Jorge Semprún («si supiese por qué escribo, tal vez no escribiría»), en el sentido de que la escritura en sí es una búsqueda constante, interminable, que no puede encontrar una respuesta fotográfica, pues permanentemente ésta cambia con nosotros. El tema de la soledad parecería correr en ese sentido, ir hacia esos mundos a encontrarse en un texto es tal vez uno de los actos más solitarios que el ser humano elige, pero de una soledad que se vive acompañado de toda la humanidad, como alguna vez dijo Paul Auster.*

J.M.: Bueno, justo cuando reflexionas sobre las posibles interpretaciones de las palabras de Onetti sobre la literatura, estás ejerciendo la ineludible tarea del lector, que es la de reescribir los símbolos ajenos según la experiencia propia. Ese puente es un misterio, pero la sola existencia de la literatura confirma su existencia. Sólo sabemos o intuimos que existe, pero nunca podemos estar absolutamente seguros de la exactitud de la idea o de las emociones que generaron el texto. Los posmodernos decían que no importaba las emociones ni las ideas originales del texto (el autor estaba muerto) sino lo que surgía del texto mismo. Algo de razón tendrían. Sin embargo, en lo personal nunca creí en la libertad absoluta del escritor. Para mí, el mismo ejercicio de escribir puede ser deliberadamente ambiguo, sobre todo en poesía, pero la misma escritura busca limitar la libertad del lector. Cuando digo *blanco*, tal vez quiero decir muchas cosas, pero no cualquiera. No quiero decir *negro* o *azul*. Al menos que me ponga a jugar con el lector: «el blanco azulado de sus ojos», «la negra noche, como blanca desnuda», etc. Pero eso no deja de ser intencional, no se debe al mero azar. El género opuesto sería el ensayo o el *paper* académico, donde las oscuridades y ambigüedades son debilidades de las cuales siempre huye el escritor. Ahí la libertad del lector se reduce al mínimo. El lector lo acepta y se esfuerza por «comprender», es decir, por buscar la idea original del autor. El extremo, aunque perteneciente a otro género, es la lectura de un texto sagrado por parte de un creyente: ahí el autor es la autoridad, como en la Edad Media, y lo único que queda es tratar de descubrir la intención original detrás del texto. Tarea casi imposible (pese a que los creyentes digan lo contrario), lo cual se prueba con la sangrienta historia de las interpretaciones sagradas.

G.E.: *Pero las razones por la que escribimos son muy variadas...*

J.M.: Sin duda. Alguna vez (creo que el cortocircuito se produjo en aquel famoso encuentro de Porto Alegre, hace más de una década) José Saramago dijo que escribir no servía para nada, lo cual es difícil de tomar en su sentido literal viniendo de quien vino. Sospecho que más bien se refería a la crítica política, social o, al menos, fue un exabrupto que expresaba toda su frustración ante el mundo. Alguna vez le comenté esto a Eduardo Galeano y él me dijo, en varias ocasiones, que escribir sí servía para mucho. Si le damos un sentido utilitario y una definición decimonónica, el arte no serviría para nada (no pertenece a las actividades útiles), aparte de servir a un mercado multimillonario que nada tiene que ver con lo que es el arte en sí. En Estados Unidos el mercado de la cultura, entre libros, discos y películas, equivale al mercado de las poderosas fábricas de autos. Yo creo que el arte sirve para muchas cosas, más allá de lo meramente mercantil, y sirve para cosas más importantes que las que nos enseña el mercado, si es que todavía creemos en el ser humano. Creo haber dado alguna respuesta irónica a esa pregunta en el siglo pasado, con ese título «¿Para qué sirve la literatura?». Específicamente me refiero a la «cultura radical», sobre lo cual presenté en el salón del libro de África en España y debe haber algo resumido por ahí.

Pero podemos referirnos concretamente a una realidad, muy extendida, que responde a esa pregunta. Aparte de cualquier visión idealista del problema, siempre quedan muchas motivaciones más prácticas para escribir. Uno siempre tiende a reflexionar y preguntarse por los motivos más trascendentes, sobre todo cuando se tiene una concepción sagrada de la literatura, no en el sentido religioso sino en su valor único de exploración de la realidad humana más profunda, aquella que *está en*, pero trasciende las condiciones históricas. Solemos olvidarnos, o no lo consideramos por puro pudor, motivaciones menos elegantes, como puede serlo la vanidad o la necesidad económica. Muy pocos escriben por necesidad económica, al menos que sean escribas de Hollywood o de grandes editoriales que ya saben lo que se vende e imponen sobre sus escribas el cómo y el para qué. Otra razón menor pero mucho más popular es la mera vanidad. Todos tenemos un ego, desde que, antes de aprender a hablar, descubrimos que quien nos mira en el espejo somos nosotros. Bueno, no vamos a entrar en el terreno psicoanalítico o lacaniano, pero creo que así no más se entiende. Eso es normal y universal. Pero a partir de ahí hay una gran variedad y, por lo menos, dos extremos: el mártir que muere anónimo por los demás y el ego más patológico (digamos, uno escala Donald Trump) que cada vez que mira el mundo se ve a sí mismo. Bueno, lamentablemente en nuestro gremio abundan más de éstos que de aquellos. Especialmente en países pequeños como Uruguay, donde se da con frecuencia el absurdo de escritores de ficción que escriben críticas demoledoras de sus colegas.

G.E.: *Hay una tendencia creciente, creo, en la que los escritores se transforman de un modo «natural» en críticos literarios. Parecería que un novelista, por ejemplo, ya tiene todas las credenciales para escribir una crítica demoledora sobre novelas ajenas.*

J.M.: No hay nada prohibido en el mundo de la ficción y sus sucedáneos. Pero, personalmente, creo que esa debería ser la tarea de profesionales o aficionados dedicados a la crítica, gente especializada y libre de sospecha. ¿Quién soy yo para demoler, o intentar demoler, la novela de otro escritor porque no se corresponde con mis convicciones novelísticas? A la altura de mi vida, por ejemplo, creo tener bien claro qué quiero escribir y qué no, cómo y cuándo, qué vale y qué debe ser enviado a la papelera. Lo mismo será tu caso y el de muchos otros escritores que han estado algunas décadas en este (no quiero llamarlo *oficio*), digamos, en este vicio. Como escritor no me va ni me viene la crítica, sobre todo aquella que se centra más en el autor para degradarlo que en la obra para analizarla, lo cual es casi la norma hoy en día. Y lo dice alguien que no ha sido tratado mal, pero me da pena y vergüenza ajena cómo funciona ese negocio sin beneficios, tráfico de egos inflamados que no dejan espacio para nadie más. ¿Alguien podría quitarnos el placer infinito de seguir a un personaje y dejarlo hacer de la suyas? Literalmente, imposible. Como hombre, bueno, agradezco este o aquel estudio que le ha encontrado algún valor a lo que hago. Muchas veces me sorprenden y me digo ¿«cómo no me di cuenta de esto antes»? Cuando un crítico le enseña a un escritor algo nuevo, algo real sobre su propia obra, es un crítico de verdad, con mayúsculas. Como en política, la crítica literaria actual en esa región del mundo está enferma de conflictos de intereses, por lo cual no publicar en la pequeña comarca pasa a ser un verdadero privilegio. Algo demasiado obvio para ser visible. Varias veces me han pedido que incluyera mis propias novelas en mis clases de literatura latinoamericana. Mi respuesta fue y será un contundente *no*. Sé de profesores que lo han hecho, bajo la excusa de que los estudiantes pueden tener una perspectiva privilegiada, la del autor, etc. Es absurdo. Por lo menos para mí. Hay un conflicto de intereses. Me han invitado mil veces a hablar en universidades en Europa o en Estados Unidos sobre mis novelas y he aceptado al menos una o dos por año (porque, además, me lo obliga mi universidad), pero en esos casos siempre se trata de dar la perspectiva personal de un trabajo, uno o dos días, y nada más. He rechazado siempre cualquier tipo de honorario monetario, pero he aceptado sistemáticamente las cervezas y similares que me ofrecieron estudiantes y colegas en los pubs del mundo, razones suficientes, creo, para seguir viajando con la excusa de la literatura. Pero, seamos honestos, no se puede ser juez y parte. Si vos sos escritor, has leído una novela que te parece buena, pues entonces publicás en algún diario una reseña recomendándola y por qué. Ahora, si te ha parecido mediocre, o mala, creo que no deberías cometer la mediocre vanidad de despacharte con una sarta de degradaciones y sarcasmos, posando de genio, profesor de cachiporra, lo cual no es otra cosa que poner tu ego en la punta del obelisco de 18 y Bulevar Artigas (que, por sus dimensiones, tampoco da para presumir), para desde allí mirar a tu colega y decirle al resto que vos sos mejor o, por lo menos, que te das cuenta de la diferencia entre lo bueno y lo malo como el otro no puede hacerlo. No por casualidad Mario Benedetti dijo alguna vez, en una entrevista, que él no ejercía la ironía en sus reseñas de libros, que eso era una indecencia con alguien que había puesto lo mejor de sí en su libro, que la ironía la reservaba para el poder político. A juzgar por lo que se lee en «tiempo real» (otra expresión absurda de nuestro tiempo, como si el largo tiempo de la reflexión no fuese real), ya no quedan o quedan muy pocos críticos como Mario, menos como [Ángel] Rama. ¿Quién podría ser tan vanidoso para semejante acto de intrascendente arrogancia? Ahora, según he visto alguna vez, accidentalmente, en alguna publicación (y, dicho sea de paso, me quitó todas las ganas de volver a Uruguay, aunque supongo que se trata de un simple estado de ánimo), ahora los escritores hasta se insultan en las redes sociales, todo por una disputa sobre quién lo tiene más grande. El ego, asumo. Penoso de leer. Decir vergüenza ajena es decir poco, pero es lo que hay por ahí. Hasta las meretrices callejeras tienen más sentido de la dignidad (y me quedo pensando por qué las prostitutas callejeras serían en algo inferiores a los escritores). Esa posible demolición de una obra supuestamente mediocre sólo podría ser hecha por una crítica seria. Seria en serio. En esto los críticos de cine siempre fueron superiores, porque las películas se producían muy lejos y ellos no tenían la capacidad de intentar suerte ni como directores ni como actores. En literatura, un medio más económico, la crítica en serio sólo la podrían hacer críticos profesionales como Ángel Rama, por nombrar uno solo. Pero hoy en día los críticos profesionales, sobre todo críticos de semejante estatura, son algo que no abundan demasiado. El mercado, que todo lo monetariza y todo lo vulgariza, considera que un crítico de verdad, alguien preparado y capaz de echar luz donde hay oscuridad y aclarar donde las aguas están turbias, no vale un sueldo mínimo, un sueldo de subsistencia. Porque la inteligencia y la cultura no pagan. Lo cual es una verdadera catástrofe, no solo para la cultura radical, sino para el ser humano en cuanto humano y no mercancía, y no triste ego inflamado.

G.E.: *De acuerdo. Hacer crítica no por norma es destruir, ni la propia palabra lleva implícita una carga negativa. No hace muchos años me tocó la tarea de «crítico literario» en un semanario montevideano, y la política que me tracé era esa misma: reseñar solo lo que me parecía*

interesante, y simplemente no hablar de lo que no me gus-
taba. Pero por desgracia no es lo habitual, hay mucha
agresividad subterránea en todo eso, y no es nuevo. Dudo,
incluso, de la sana intención de muchos de los llamados
«críticos serios». Es muy recordado el caso de Felisberto
Hernández, y las críticas demoledoras que sufrió por par-
te de Zum Felde y de Rodríguez Monegal, en especial de
este último, que literalmente calificó a su obra de «inago-
table cháchara, imprecisa siempre, fláccida siempre, abru-
mada de vulgaridades, pleonasmos, incorrecciones», «lo-
grando» que uno de nuestros más grandes narradores de-
jara de escribir por varios años. Lo importante, parece,
sería definir la categoría metodológica y analítica por la
cual reflexionar sobre el fenómeno de la creación litera-
ria, teniendo en cuenta eso tan básico de que todo texto li-
terario se crea para ser leído, y olvidarse, al menos por un
rato, de lo puntual y particular.

J.M.: También es parte de un negocio, no del todo asu-
mido ni declarado. Las grandes casas editoriales en algún
caso pueden intimidar por su nombre, y suelen enviar sus
libros a posibles «reseñadores» que, a su vez, son escritores. Algunos escritores con ambiciones editoriales podrían
resistir la tentación de devolver el favor, pero no todos. En
cuanto a la «crítica especializada» (tal vez lo de «crítica
seria» es un término demasiado subjetivo), cierto, hubo de
todo, como el caso que mencionas de Rodríguez Monegal.
Se pueden señalar anécdotas, pero los críticos como Mo-

negal o Ángel Rama (incluso José Enrique Rodó cuando escribió de forma anónima sobre Rubén Darío) tenían una profesión específica, además de un talento propio para la crítica y el análisis literario. No eran perfectos, pero prefiero este tipo de crítica (repito, nunca determinante y mucho menos para un escritor que ya sabe lo que quiere) que la de un novelista que se toma el tiempo para escribir una crítica demoledora, muchas veces sarcástica de otro novelista (al mejor estilo de los críticos de moda que se burlan del vestido de una actriz, como si en todo eso hubiese alguna lógica o racionalidad). Lo mismo podemos decir de poetas criticando otros poetas no afines, de músicos, etcétera. Sobre todo, si estamos hablando de escritores contemporáneos, donde ni siquiera media una distancia temporal. Ese tipo de demoliciones no tiene más valor que la puja entre egos. La agresividad, la ironía, la inmisericordia hay que dejarla para aquella crítica que lo justifica, como cuando escribimos sobre las narrativas sociales derivadas del poder, aquello que consideramos injusticias. Son instrumentos retóricos para golpear o llamar la atención ante un asunto moral, político que consideramos urgente o necesario. Ahora, cuando discutimos de estética, bueno, me parece que los pintores no tienen mucha autoridad para criticar a otros pintores contemporáneos. Sobre todo, contemporáneos, que es cuando la realidad es siempre más difícil de juzgar. Mucho más la realidad estética. En esos casos no existe la perspectiva. Ese ejercicio sólo sirve para revelar lo más mezquino de los egos, siempre tan inflamados en los artistas, sobre todo entre los escritores, para divertir, y para poco más.

G.E.: *Ya que hablamos de crítica y estética, y metiéndonos de lleno en las obsesiones del escritor, podríamos entrar en los aspectos técnicos, en los símbolos recurrentes a la hora de escribir, en la autorreflexión metaliteraria, entre otros temas.*

J.M.: Recientemente, la profesora Susanne Klengel de Freire Universitat de Berlín me invitó a hablar, entre otras cosas, sobre mi novela *La ciudad de la Luna*, publicada en 2009. Al principio pensé en reflexionar sobre el experimento lingüístico que supone esa novela, con algunos diálogos en un castellano inexistente pero que pudo haberse desarrollado en un pueblo arrinconado por siglos en el desierto de Argelia (fundado por un batallón español perdido tiempo después de la Reconquista), con otros momentos narrativos donde se experimenta con la técnica del cubismo llevada a la sintaxis, es decir, con distintos sujetos personales en una misma frase para acentuar la importancia de la ciudad gobernando, como entidad propia, la vida de sus ciudadanos.

Pensé luego en la metáfora moral, que también fue un elemento más o menos consciente al escribir esta novela antes de los atentados del 11 de setiembre de 2001 en Estados Unidos y durante la reacción política y social de este país y de Europa en los años siguientes, encerrándose sobre sí misma, creyéndose superior moralmente, pero terminando por ser igual que el enemigo al que se combatía, hasta que una tormenta de arena desborda sus antiguas murallas y la hunde definitivamente en el olvido.

Pero la profesora Klengel está enseñando un curso de literatura sobre las relaciones con Oriente, junto con la profesora Stephanie Fleischmann con una mayor concentración en África del Norte y, no sé si por casualidad o no, me encontré con algo muy obvio en todas mis novelas: en todas hay una fuga (el escritor español Raúl Ferrer ha publicado un libro sobre esto mismo), pero también en todas hay un espacio que podríamos llamar «desierto».

Ernesto Sábato, en su crítica a la literatura del naturalismo del siglo XIX, y en defensa de la literatura problemática del siglo XX, decía que si uno es un científico tratando de estudiar un mono es lógico que se concentre en todos los aspectos observables, desde la exterioridad de un mono (como sus hábitos, su conducta, sus reacciones a determinados estímulos inducidos). Pero si uno quería conocer lo que era un ser humano, decía, no podía limitarse a observar las acciones de los demás, sino que no podía despreciar esa fuente irremplazable, invaluable que es la experiencia interior. Y la experiencia interior no puede ser observable ni medible por ningún instrumento ni por ningún análisis racional: para ello estaba el arte, la literatura.

La escritura es uno de los instrumentos más poderosos para explorar la interioridad humana. Entre otras cosas, también es catártica y curativa, pero esta exploración tiene sus peligros: muchas veces no se puede rehuir a reflexionar y hablar de uno mismo, lo cual no es solo incomodo, sino que puede terminar en un narcisismo en el peor de los casos y en una pedantería en casos menos graves. A eso hay que sumarle el menos heroico hecho de que el artista suele ser el objeto y el sujeto de su trabajo, la medida de su éxito social, de las ventas de sus discos y de sus libros, todo lo cual lo remite, otra vez, penosamente sobre sí mismo. Claro que gente que nunca lee libros y mucho menos los escribe, como Donald Trump, puede sufrir, naturalmente, de esta patología, más natural que inducida por su profesión. Pero en el caso de los escritores puede ser tan peligroso como el de los psicoanalistas tratando de curar cada día gente con serias patologías psicológicas.

Sin embargo, como los psicoanalistas, los escritores debemos asumir el riesgo y aventurarnos a esa exploración. El riesgo es doble, porque no sólo se trata de nuestro propio equilibrio psicológico sino del fastidio social que puede provocar este intento de exploración y sobreexposición de la interioridad. Al menos que estemos hablando de literatura del entretenimiento, donde ni la ficción es verdad, donde nada es real, consistente, salvo la fama y el dinero que generan.

Volviendo, entonces, a uno de esos descubrimientos, la presencia del desierto y sus variaciones, podemos ver que se acomoda, naturalmente, a la idea de fuga. Más que la idea, el impulso emocional, psicológico, expresado en recurrentes sueños de mi infancia: yo atravesaba los ilimitados campos del norte de mi país, campos infinitos como la Pampa, huyendo de un grupo de personas que me perseguía, a veces con perros, a veces armados. El miedo se traducía en el placer de complicar el laberinto de la soledad y perderme, algo que redescubrí en mis años de estudiante de arquitectura cuando me dejaba perder por las desconocidas calles de Montevideo. Pero de a poco Montevideo se fue poblando de conocimiento, de presente, y la fuga, a veces espacial y muchas veces temporal, ya no era tan posible. Seguramente esa ansiedad por la fuga tenía (y tiene) mucho que ver con mi propia experiencia del inicio de la dictadura, con frecuentes avistamientos de soldados entrando en la casa de mis padres o llegando a la granja de mi abuelo, el suicidio de una tía acosada por el terror de su esposo torturado, y una larga lista de «estrés prexistencial».

En mi primera novela *Memorias de un desaparecido* (1996), el protagonista huye hacia el norte, hacia el desierto verde de los campos ilimitados, tan ilimitados que el protagonista se pierde y termina en una cárcel vagamente localizada en un espacio fronterizo. Es decir, la libertad y el presidio, la ausencia de leyes y la opresión de las leyes, las leyes de los otros.

En *La reina de América* (2001) la fuga se realiza al comienzo y al final de diferentes formas. La historia se inicia con la inmigración del abuelo y de la madre de la narradora desde España al Río de la Plata y se cierra con la emigración de la narradora, una nueva fuga, social y existencial. Ambas, madre e hija terminan en la locura, lo cual es otra forma de huida de la realidad, como lo es desmayarse ante un acontecimiento insoportablemente doloroso o despertar ante una pesadilla.

En *La ciudad de la Luna* (2009) la fuga se inicia con el proyecto del narrador de huir a una Nueva York mítica (el protagonista toca el saxofón en una estación de tren casi sin trenes) desde una ciudad que es una fortaleza cerrada, no solo por sus gruesas murallas de piedra sino por su arrogancia nacional y racial. Parte de las imágenes amuralladas las había recogido de mi solitaria visita a Jerusalén y Marruecos en 1995, pero la opresión moral y patriótica me la habían inspirado los talibanes de los 90 y las grandes potencias occidentales en la invasión de Irak. Esta ciudad estaba ubicada en un área perdida del desierto argelino, lo cual repite la contradicción de la fuga, del estar perdido en un espacio que no se quiere revelar para conservar esa libertad, y al mismo tiempo la clausura, la cárcel, donde las leyes, sobre todo las leyes morales, vuelven a oprimir.

En el caso de *Crisis* (2012) la fuga es endémica, ya que se refiere a la multitud de indocumentados hispanos en Estados Unidos. El inmigrante huye de una realidad económica, política, social o moral o familiar, y se encuentra rodeado de otra opresión política, social y moral. Los protagonistas no sólo cruzan literalmente el desierto de la frontera sur de Estados Unidos sino que luego conviven en el desierto de la anonimidad del indocumentado, cuidadosamente cuidada.

Finalmente, en la novela *Tequila* (2018), aunque estructural y técnicamente muy distinta a las anteriores, ya que de una pluralidad de puntos de vistas y de secuencias se desarrolla en una linealidad dominante, tan lineal como la autopista interestatal 10 que une la costa Este con la costa Oeste estadounidense. La muerte de uno de los estudiantes que viajan en una *motor home* decide la fuga: es una fuga física por la I-10 pero también una fuga de la verdad que continuará por los años siguientes hasta el inicio de la narración de uno de ellos. El desierto está otra vez presente y los estudiantes, como en el caso de las novelas anteriores y, sobre todo, como fue el caso de la primera, se pierden en una región fronteriza, que además es el desierto de Arizona.

Ahora, desde un punto de vista menos personal, quizás apelando a la idea del inconsciente colectivo de Jung, es probable que el desierto posea su propios significados psicológicos y existenciales. Claro que esta es una forma metafórica de hablar, porque nada tiene «su propio significado» si no hay quien lo interprete o experimente.

Es en el desierto donde leyes humanas se han diluido, secado, desvanecido. Es, entonces, el espacio de la libertad, pero también del terror; del placer y del miedo, de Dios y del Demonio. En la tradición judía, es en el desierto donde el pueblo hebreo se pierde y se encuentra, donde rompe las reglas y donde se somete a las nuevas. Es en el desierto donde Moisés habla con Dios. En la tradición cristiana, es en el desierto donde Jesús se retira a meditar o es conducido por Dios y es tentado por el Demonio, más allá que se haya discutido si esto fue algo simbólico o no. Bueno, ¿qué no es simbólico en las narrativas religiosas? Ni que hablar de la importancia del desierto en la tradición islámica. La misma arquitectura islámica, con sus juegos de sombras y fuentes de agua, es un dialogo simbólico sobre el desierto, sobre su dureza existencial y sus oasis paradisiacos.

Así como los sueños son verdades expresadas en símbolos, el arte lo es también. Algo tan concreto como una novela, como una imagen, es, al mismo tiempo, un símbolo, es decir, un agujero negro por donde entran varios mundos para salir en otra dimensión, es decir, el traspaso, la traducción desde la dimensión inconsciente a la dimensión consiente del análisis.

Sin embargo, nadie puede decir que la realidad expresada por el símbolo y lo sueños es más o menos real que la expresada por el razonamiento y el análisis. Ambas poseen sus propias leyes, pertenecen a universos diferentes, pero están conectadas, interactúan.

G.E.: *Comparto prácticamente todos los conceptos que enumerás sobre la construcción literaria y esa inevitable carga de símbolos, que pueden representarse por lo arquetípico o de un modo más personal, ligado a lo onírico, por ejemplo, como bien lo mencionabas en tu experiencia. El desierto, el laberinto, la fuga, son elementos con un alto contenido simbólico, y pueden disparar innu-*

*merables interpretaciones, pero siempre lo esencialmente
humano estará en el fondo de todas esas maneras de desentrañar las cosas. Al igual que los grandes temas, los
símbolos tienden a repetirse: el reloj, el espejo, la sombra,
etc., y es esencialmente inevitable, y también necesario,
que eso ocurra.*

J.M.: ¿Qué hay en este Universo, como percepción y
como concepción, que no sea una lectura a través del lente
humano? El Universo (al menos ese que podemos entender
o pensar o imaginar) es una concepción humana, un reflejo
de la conciencia sobre algo que consideramos real y que se
opone a la pura subjetividad porque no podemos cambiar
con nuestra voluntad, como un novelista puede cambiar
los hechos de una historia para adecuarlos a una realidad
interior, no independiente pero sí más libre de la realidad
exterior objetiva. Pero, de cualquier forma, hasta el mundo
material es una realidad que debe pasar por el filtro y la re-
creación de la conciencia humana, razón por la cual, creo,
la mayor imposibilidad de cualquier ser humano es imaginar siquiera la inexistencia. ¿Qué será de esa piedra, de ese
asteroide, de Andrómeda, de las hormigas que cruzan mi
patio, cuando yo me muera y no esté para verlos, para pen-
sarlos, para imaginarlos? ¿Por qué la conciencia no puede
siquiera imaginar ese estado que atravesamos todas las no-
ches que, aunque poblados de sueños, pertenece al mundo
de la inconsciencia, cuando no a algo parecido a una posible inexistencia después de la muerte? Paradójicamente,

esta incapacidad humana de no poder siquiera imaginar la inexistencia es la razón por la cual existen todas las representaciones de otras existencias más allá de la muerte. Es decir, un componente básico (sino la base misma) de todas las religiones, de todo el arte, de toda la filosofía y, quién sabe si no la base de las ciencias también.

La literatura (como la filosofía, como la economía y tantas otras disciplinas humanísticas) tiene a lo humano como centro y como observador de una forma más directa, aunque su especificidad se centra en la exploración de todo aquello que no puede explorar la economía, las ciencias o el análisis crítico, como son las emociones, las ideas nacidas y teñidas de pasión, como lo son las ideas sociales, políticas y metafísicas (otra vez, la vida, la muerte, el amor, el odio, los miedos, los celos, la envidia, las mismas contradicciones fundamentales y radicales que nos hacen humanos y no planetas o asteroides). El desierto, el laberinto, nos importan por sus efectos y sus elaboraciones humanas. Como obras, como símbolos. Eso siempre ha estado claro a lo largo de la historia (Carl Jung es un referente ineludible en esta conversación), aunque en algunos momentos, como durante el naturalismo en el siglo XIX, la novela quiso competir en objetividad con las ciencias, quitando al observador/narrador como personaje. También de ese error o absurdo conceptual surgieron grandes obras de arte. Sin embargo, en el siglo XX las ciencias mismas descubrieron que el observador no es neutral. Ya no desde el punto de vista de la Teoría de la relatividad (donde la medición objetiva del tiempo y del espacio dependen del sistema donde se encuentre el observador), de Einstein, sino desde la misma física cuántica, para la cual la observación y la medición ya no sólo expresan un caso particular, sino que distorsionan la misma experiencia observable. Lo mismo cuando pasamos al concepto de verdad en el periodismo. La idea de la cámara como herramienta de objetividad es muy tramposa. La palabra «objetivo» ya nos revela que procede de una visión cónica desde un punto de vista particular: el objetivo de la cámara. Por ese punto pasa toda la realidad, como bien lo sabían los pintores renacentistas. Ahora, nada más subjetivo que un punto de vista particular del fotógrafo. Cuando esta subjetividad es honesta, entonces tenemos esas grandes obras de arte de los fotógrafos. Cuando esta subjetividad es deshonesta, entonces tenemos esas coberturas periodísticas de algunos grandes medios de prensa mundiales, sean revistas o canales de televisión, que nos muestran un fragmento de la realidad como si fuese toda la realidad.

Estoy de acuerdo en algunos símbolos como recurrencias universales. Sin ir a lo que planteaba Jung, parece claro que algunos símbolos, como los que mencionás (el reloj, el espejo, la sombra, el laberinto), por alguna razón no casual, se han repetido a lo largo de la historia de la literatura, de las humanidades en general. Podríamos contrastarlo con otros símbolos (tradicionalmente) irrelevantes para el arte y la filosofía como, por ejemplo, la cafetera, el inodoro, la inflación y las tasas de interés. Hasta un fenómeno, una presencia ancestral y casi mágico como el arco iris no puede competir, en términos simbólicos y existenciales, con la sombra.

G.E.: *Uno de los grandes valores que el símbolo agrega al texto es lograr el camino más corto prescindiendo de la recta; dejar lo literal, lo obvio, para elevar el sentido y acercarse a lo artístico. El símbolo, en definitiva, es una de las grandes herramientas para la forma, algo de lo que no podemos ni debemos prescindir.*

J.M.: Sí, aunque ahora que lo dices yo me preguntaría si el símbolo no es, en realidad, el camino más corto o tal vez el único camino a una interioridad del misterio humano que de otra forma es inalcanzable, así como en el Universo la distancia más corta entre dos puntos no es una recta, como en un espacio euclidiano, abstracto, sino una curva. ¿Es la espiral el camino más corto entre la realidad exterior y lo más profundo de la realidad interior humana? Ustedes los poetas suelen luchar días y meses tratando de lograr la fórmula más condensada, con las menos palabras posibles, lo que quieren decir. Los haikus son los radicales del gremio, pero aun así la expresión, la metáfora, el símbolo es una fórmula que necesita resolución. Cuando escuchamos a alguien decir «tengo hambre», asumimos una realidad simple y directa. El tipo está deseando un sándwich, o algo así. Si leemos esas mismas dos palabras en un libro de poesía, ya de por sí nos demandarán un desafío intelectual, incluso aunque tanto el autor como el lector entendiesen algo relacionado con la comida. Los novelistas nos enfrentamos a un problema semejante, con la única diferencia de que no tenemos límites de palabras. David Foster escribió una novela de mil páginas y el resultado es muy similar al de un solo poema: es un intento desesperado por acercarnos al centro del misterio, el gran misterio o una verdad modesta y pequeña como la felicidad al oler una flor de lavanda y recordar a la abuela. Pero es que, si el centro del misterio fuese realmente alcanzable, la humanidad ya habría dejado de escribir poemas y novelas. En otras palabras, la exploración de esos símbolos eternos son el camino más corto a un objetivo inalcanzable. Por otro lado, el arte nos recuerda permanentemente que el mundo es, en sí, una interpretación, y que para interactuar con él necesitamos hacer un esfuerzo intelectual, que por esfuerzo no quiere decir que no sea placentero, eso que luego llamamos *belleza*. Pero un atardecer es también bello y no es una obra de arte, al menos que consideremos a un creador metafísico como el gran artista, es decir, al menos que le confiramos una intención a la imagen, al símbolo.

G.E.: *Para terminar, entonces, ¿podríamos definir la especificidad de la literatura?*

J.M.: Tal vez no, y ahí puede estar parte de la respuesta. Pero hagamos un intento. El lenguaje hablado lo aprendemos de forma consciente, del medio. Como [Noam]

Chomsky lo formuló, el hecho de que todos los lenguajes del mundo tengan una estructura profunda común (como por ejemplo SV[O]), revela un aparato innato que se desarrolló hace decenas de miles de años.

La escritura, en cambio hay que aprenderla. La escritura creó la historia al crear la línea recta que no se repite, como en la estructura arcaica generada por la oralidad. Podríamos decir que la escritura revolucionó nuestra relación individual con la memoria colectiva. Lo más primitivo que podemos imaginar sobre el acto de leer sería la ancestral actividad del cazador que siguiendo las huellas de una presa, la perseguía como un lector persigue el sentido del texto y hasta las intenciones del autor. El caso extremo es la lectura religiosa, donde el autor es Dios, es decir, la autoridad, y la lectura se reduce no a una reflexión abierta, crítica, problemática (como cuando leemos las estrellas o las hormigas) sino a entender lo que quiso decir el autor.

Desde un punto de vista crítico podríamos decir que literatura es la narración de una batalla, de un hecho histórico, la escritura de un libro sagrado, sea cual fuese, etc. Sin embargo, lo que hoy llamamos literatura es una escisión de todas esas formas de escritura. Literatura es ficción, mientras que lo demás (religión, historia) es no ficción. Una clasificación, obviamente, cuestionable, pero es lo que comúnmente se asume.

Pero aún dentro del género ficción (y vamos a incluir los cuatro géneros naturales: poesía, teatro, narrativa y ensayo) podemos encontrar que conviven cosas muy diferentes. ¿Es una novela escrita y leída para la diversión lo mismo que otra que se propone explorar una realidad interior? ¿La diferencia es sólo que una es más pretenciosa que la otra? Una respuesta afirmativa sería arbitraria, ya que fácilmente podemos distinguir el objetivo y el efecto de una novela de diversión de otra que nos lleva, o intenta llevarnos, por un viaje a ciertas preguntas existenciales. Ambas pueden compartir no sólo la palabra escrita, como medio, sino la diversión también. Pero en una la diversión es objetivo y en la otra un efecto lateral o, incluso, uno de los ingredientes necesarios, si se quiere. Pero no el objetivo. Para el arte de diversión, que es la condición central del arte comercial, de consumo, la diversión funciona como anestesia social e individual, como el sexo sin amor, como el prostíbulo, como ya hablamos antes. Para la otra, sea un poema, una novela o una película, no es el olvido sino la memoria, no es la respuesta ante el aburrimiento sino las preguntas ante la existencia.

Eso que llamamos literatura cruza muchos otros géneros y disciplinas y es cruzado por todos ellos. Por ejemplo, literatura y psicología comparten muchos aspectos, de la misma forma que cuando hablamos de literatura y política, literatura y sexo, etc. De hecho, la psicología es, como la religión, literatura con sus propias condicionantes. Igual la literatura: es imposible (o el experimento no valdría la pena) crear un personaje sin una determinada psicología, sin una identidad. En algunas novelas, como *Crimen y Castigo* de Dostoievski o alguna de Charles Bukowski, este factor puede ser central y en otros menos importante, como en alguna novela de misterio fabricada para la venta (donde el puzle causa-efecto es más importante que la motivación del asesino), o puede ser una elaboración subliminal, como es el caso de los cuentos de hadas o de las leyendas. Por otro lado, como lo dijimos en otra parte, creo que *de la narración surgió la conciencia del mundo* y, por qué no, el dolor y el placer de existir, con el bálsamo específico de la literatura de convertir en placer (estético, intelectual) hasta el dolor más profundo de un individuo que ya no quiere vivir o de una sociedad que es oprimida o masacrada sin por eso restarle un ápice de gravedad a la realidad sino todo lo contrario.

El poder de ordenar los eventos de una forma causal o mágica, lógica o absurda, significa la captura de aquello que está más allá de nuestros ojos, lo que no se puede tocar, pero define la existencia, el mayor misterio de todos: la *conciencia*. En mi última novela, aun inédita, el personaje principal va a hacer el *check out* en el hotel y ve una piedra sobre la mesa de la recepción. La recepcionista le dice que es un pedazo de asteroide. El personaje no encuentra forma de explicarse por qué ese pedazo de piedra oscura representa un profundo interrogante existencial: ha viajado por millones de años, ciega, por un espacio muerto, y en ese momento «existe» ante la conciencia y la perplejidad de ese ser de un día, que somos los humanos. Se pueden escribir (y de hecho se han escrito) cientos de libros filosóficos y psicológicos sobre este tema, pero creo que ese momento expresado por la perplejidad fugaz de ser insignificante posee una fuerza y una revelación que no podemos explicar de forma racional ni entender de forma completa. El personaje no encuentra las palabras y, por lo tanto, la conciencia, como la existencia de esa piedra, se diluye en el inconsciente o en la nada.

Entonces, aunque muchas cosas pueden ser llamadas literatura por el simple hecho de ser palabras impresas u ordenadas con algún propósito, cuando hablamos de *literatura* nos referimos, sin posibilidad de exclusión, a la ficción, sea narrativa, dramática o poética. Quizás porque la diferencia entre el ensayo y la ficción radica en que esta última explora fundamentalmente lo emotivo, lo emocional y, por lo tanto, aquellas zonas humanas que tienen profundas raíces en lo inconsciente. Sin embargo (y aquí está la aparente paradoja) esa explicación se hace con un instrumento que arrastra los fenómenos inconscientes a la conciencia. ¿La diferencia? La narrativa académica, analítica o ensayística utiliza medios racionales y su objetivo es comprender un problema racionalmente. La narrativa de ficción utiliza medios sensibles y su objetivo es aprehender el fenómeno de forma sensible. Cuando contamos un sueño estamos trayendo un fenómeno experimentado de forma puramente emocional, absurda, irracional al orden narrativo y lo colocamos en diferentes niveles: a) en un nivel aún sensible (la poesía, la narrativa, el cuento) o b) en un nivel racional (ensayo, psicoanálisis, por ejemplo). Claro que la narrativa de ficción, como la pintura, como las matemáticas, como el sexo, pueden ser psicoterapéuticos, catárticos en el sentido de la antigua tragedia griega y la más reciente práctica psicoanalítica. Pero como literatura, es literatura por un «algo más» que es muy difícil explicar racionalmente. Es ese «algo más» que diferencia a un hombre vivo de su cadáver. Ese «algo más» es múltiple e incluye, incluso, su voluntad de negación, como la idea imposible de vaciar de significado las palabras a través de la repetición, como en un rosario que se repite de memoria mil veces, o el mero placer de la composición de palabras, etc. La voluntad y la necesidad de creación (que es siempre la forma más radical de libertad) es otro de los componentes de la literatura, como lo es de cualquier arte, de cualquier filosofía, de cualquier ciencia y de cualquier otra actividad elevada del intelecto y el espíritu humano.

Narrativa uruguaya de principios de siglo: Jorge Majfud y el Uruguay que se mira a sí mismo

Gustavo Esmoris

Obra y contexto

Jorge Majfud nació el 11 de setiembre de 1969 en Tacuarembó, una pequeña ciudad distante cuatrocientos kilómetros de la capital de Uruguay, Montevideo. Además de narrador, es un excelente ensayista y periodista, y ha incursionado brevemente en la poesía. De formación autodidacta en lo literario, Majfud es un caótico lector devenido casi naturalmente en escritor, una persona de una muy amplia cultura, proveniente, a nivel académico, de la arquitectura, una profesión considerada dentro de la rama científica, pese a estar totalmente emparentada con la historia del arte. Ha sido además profesor de diseño y de matemáticas en distintas instituciones de Uruguay y del exterior. Nadie más alejado que él, para los prejuicios de muchos, de lo que debe ser la imagen paradigmática de un escritor. Según algunos sectores de la auto proclamada y casi inexistente crítica literaria uruguaya, se trataría de un narrador intelectual, con todas las ventajas y los inconvenientes que eso puede suponer. Claro está que para afirmar esto seriamente, la crítica debería tomarse el trabajo de desentrañar lo que subyace filosóficamente por debajo de la obra de Majfud, cosa que aún no ha sido hecha con el rigor de investigación que el tema requiere. Pero a diferencia de otros escritores acusados de lo mismo, y tal vez desmintiendo esta etiqueta, Majfud alcanza con sus textos momentos de gran hondura poética, para enseguida volver a su prosa de características coloquiales, sin caer jamás —durante esos momentos pico— en desbordes que puedan acercarlo peligrosamente a trasponer la frontera entre los géneros. Muy por el contrario, consciente de que se trata del juego más serio que existe, sabe elegir esos momentos en los que se lanza a jugar con la palabra, y sabe también hasta donde puede llegar. En materia de construcción literaria lo fascinan las historias que se cruzan, la técnica de cajas chinas, los saltos temporales, el *flash back*.

Llama la atención —desde sus primeros relatos— la sorprendente madurez de su pluma, poco común en un escritor tan joven y sin aparente formación académica. Ante un panorama de lo que ha sido su vida, parece evidente que el narrador nació con él, aunque haya tenido que esperar algunos años a la sombra del futuro arquitecto, conformándose mientras tanto con esas lecturas desordenadas y algo anárquicas, que incluían entre sus narradores preferidos a Borges, Sábato, Sartre, Kafka, Quiroga, Hemingway, Tennesee Williams, Paul Auster, y Saramago por citar algunos nombres célebres. Majfud, que comenzó a leer el diario a los cuatro años de edad, antes incluso de ir a la escuela, abandonó la arquitectura en el año 2003, poco tiempo después de recibirse, para dedicarse exclusivamente a la escritura y a la investigación. Desde entonces ha enseñado Literatura Latinoamericana en The University of Georgia y actualmente se desempeña como profesor de Lincoln University of Pennsylvania, ambas en los Estados Unidos de América. Entre sus libros se destacan *Hacia qué patrias del silencio* (novela, 1996), *Crítica de la pasión pura* (ensayos, 1998), *La reina de América* (novela, 2001), *La narración de lo invisible* (ensayos, 2006), *Perdona nuestros pecados* (cuentos, 2007). Es colaborador habitual de los principales diarios y revistas de América Latina y Estados Unidos. Sus relatos y ensayos han sido traducidos al inglés, francés, alemán, portugués, griego e italiano. En 2001 fue finalista del Premio Casa de las Américas, en Cuba, por la novela *La reina de América*. Ha obtenido otras distinciones como el Premio Excellence in Research Award in Humanities & Letters, UGA, Estados Unidos, 2006.

Los nuevos vientos de la literatura uruguaya

En el Uruguay de principios del siglo XX, como en el resto de América Latina, la rápida expansión del capitalismo fue terminando con formas de producción que aún convivían con las nuevas formas económicas. Así, al afianzarse, el capitalismo pasa de forma de producción «a dominante» —donde debe convivir con otras formas de producción arcaicas, que actuaban como freno al nivel productivo de las nuevas tecnologías— a lo hegemónico, constituyéndose en la única forma de producción. La guerra civil de 1904 es la herramienta con que la naciente burguesía uruguaya impone a sangre y fuego estas transformaciones en el país, enfrentando al creciente capitalismo con los resabios de formas de producción feudales y semifeudales que aún mantenían cierto grado de fortaleza y autonomía, y que habían regido la economía hasta su aparición. El poder económico, y por consecuencia el político, se trasladan desde el campo a la capital. Montevideo, crecida en torno a uno de los mejores puertos naturales de la región, se constituye rápidamente en el corazón económico y financiero del Uruguay. Naturalmente, esto tiene una directa incidencia en todos los aspectos sociales, culturales, educativos e ideológicos, provocando un cambio histórico en la vida del por entonces joven país. Dentro de ese panorama, la literatura no podía permanecer por fuera de esa nueva realidad, la cual de todas maneras no se traslada mecánicamente y en forma inmediata a nuestras letras sino que demora algunos años en comenzar a ejercer una influencia visible. Se pasa, gradualmente, de una literatura campera a una literatura urbana. La novela corta *El pozo*, de Juan Carlos Onetti, es considerada por muchos críticos el punto de ruptura de una narrativa que por primera vez se traslada desde el campo hacia las calles de la gran ciudad. Había sido el propio Onetti, desde las páginas del semanario Marcha, quien con marcada aspereza atacara esa forma hasta entonces predominante en nuestra literatura, de realismo campesino. Este «descubrimiento» de la ciudad parece ser la piedra fundacional de la llamada «generación del 45». Sería imposible entender estos procesos, que nos llevan directamente a la narrativa uruguaya de hoy, de la que Jorge Majfud es uno de los principales referentes, sin detenerse en la obra de varios de los integrantes de esta generación, muy especialmente en la del propio Onetti, considerado casi unánimemente el mayor novelista uruguayo de todos los tiempos. Claro que a los elementos históricos a los que es inevitable remitirse para explicar en buena forma lo que sucede hoy con la literatura uruguaya, se hace necesario y forzoso agregar la ubicación y características geográficas del Uruguay, un pequeño país sin elevaciones, enclavado entre Argentina y Brasil, los dos gigantes del cono sur, nada menos. Para una nación de muy exiguo tamaño, apretujada entre fronteras tan poderosas, la única posibilidad de supervivencia cultural pasa por una forma de resistencia que alcance todos y cada uno de los aspectos de su idiosincrasia. Desde el propio idioma, donde se defienden términos típicamente uruguayos como gurí o botija —dos sinónimos para la palabra «niño»— hasta el fútbol, deporte que ocupa la primera línea de la identidad nacional, todo parece formar parte de una cultura de resistencia. La literatura, algo más rezagada que la casi unánime pasión futbolera de los uruguayos, pero muy inserta en la clase media uruguaya, tiene —de todos modos— un gran peso y una tradición que llega hasta nuestros días. Ser escritor en Uruguay no es por lo general un medio económico de vida, pero sí una forma de vida.

A mediados de la década de los ochenta, a la salida de la más cruenta dictadura que vivió el Uruguay en toda su historia, las formas de lucha por un cambio social comenzaron a desplazarse desde estructuras otrora perfectamente organizadas, que habían resultado totalmente desmanteladas por la represión, hacia perfiles algo menos orgánicos. La militancia ya no se expresa exclusivamente desde los partidos y organizaciones tradicionalmente ligados al proletariado, sino que parece tomar formas más gramscianas de ocupar todos los espacios, inclusive aquellos tradicionalmente despreciados por la izquierda «oficial». Sin eludir responsabilidades aparecen formas nuevas, tal vez menos rígidas, variando sustancialmente el concepto tradicional de compromiso político. Se hace visible un cambio de escenario, desde el cual parece surgir una nueva y más amplia visión. Ya no se describe como reformistas a aquellas medidas que no se supediten estratégicamente a la toma del poder, siempre y cuando modifiquen —de alguna manera— la composición de la sociedad y se conviertan, a su vez, en el motor de nuevos cambios. Esta ruptura con ciertos métodos anteriores a la dictadura comienza a influir, naturalmente, en todos los aspectos de la literatura. En ese sentido lo más trascendente es la aparición de un postergado grupo de escritores, que no habían podido salir a la luz pública debido a la más que férrea censura imperante. Este heterogéneo colectivo, con muy poco en común salvo su combate frontal a la tiranía, proviene de la militancia clandestina y en algunos casos de la cárcel y el exilio. Dentro de las voces más originales y que más difusión internacional han tenido, está la de Jorge Majfud.

Formas de construcción y antiarquitectura: La factibilidad literaria de Majfud

La misión de la literatura, así como la del arte en general, es representar el mundo desde un ángulo original y nunca antes transitado por otros. Aun mirado a través del cristal de esa concepción, y cumpliendo a cabalidad con este precepto, Jorge Majfud se mantiene como un escritor sumamente tradicional en su empleo del léxico, que si bien es sumamente elevado a lo íntimo de sus enlaces estructurales, maneja —en sus aspectos fundamentales— elementos absolutamente cotidianos. Al enfrentarnos a su obra, nos encontramos, en apariencia, ante un lenguaje coloquial, de vocablos limpios y un uso muy ajustado, tanto de la metáfora y del símil como de las figuras en general. Las reglas gramaticales son aplicadas de una forma absolutamente ortodoxa, a diferencia de buena parte de la narrativa moderna, que buscando la pulsión del pensamiento humano o por simple esnobismo prescinde muchas veces de las formas más habituales, dotando de un mayor protagonismo a la falta de puntuación, a los espacios en blanco o directamente a los excesivos huecos provocados por lo no dicho de la historia. Tampoco, dentro del vocabulario en apariencia sencillo del que se compone la obra de Majfud —aspecto ya señalado— se encuentra el empleo de términos soeces u ofensivos, los que aparecen prácticamente desterrados de sus textos, aún en situaciones que ameritarían su uso, ciñéndose el autor a un estricto empleo del idioma tal cual le ha sido dado. No hay en los textos de Majfud una búsqueda de lucimiento personal, una forma deslumbrante de moverse dentro de la página que intente cautivar a la tribuna. Por el contrario, si se analiza con atención su obra se verá una muy disciplinada subordinación del escritor, guardando para sí mismo apenas el lugar de observador privilegiado, permitiendo que el texto viva su propia existencia. Salvo en algunos casos excepcionales para el idioma de todos los días, pero absolutamente necesarios para la correcta funcionalidad del universo creado por Majfud, no hay una utilización de un vocabulario demasiado elevado, o de un carácter intencionalmente intelectual. Sin duda que la originalidad del lenguaje majfudiano no surge de la palabra como célula alterada sino del muy personal tejido que el escritor tiende a urdir como una telaraña. De hecho, difícilmente una novela o aun un ensayo de Majfud se resuelva por parte del lector sin una relectura atenta, lo cual habla de que no existe esa aparente (y engañosa) sencillez que parece emanar de los textos. Sin duda existe, a lo interno del texto, una estructura que parece ir mutando sus formas sin salirse de lo clásico, como si prevaleciera la intención manifiesta de renovarse permanentemente, evitando la repetición de fórmulas. Este tal vez sea uno de los aciertos claves de Majfud, ya que la gran mayoría de su obra se presenta de alguna manera amarrada a la evocación de una zona muy oscura de nuestra historia, que sin embargo, pese al peso que provoca, no logra frenar el constante devenir, por momentos de una lentitud casi fotográfica, por momentos de un gran dinamismo. Las certezas sobre otra realidad social posible están, son esas rendijas de luz que el autor se ocupa de repartir de cuando en cuando sobre sus páginas, y que no siempre emergen con facilidad hacia la superficie del texto. Deberá el lector ocuparse de introducirse a fondo en las páginas recorridas haciendo que esto suceda, sabiendo que si bien es cierto que en general no se encontrará con formas ostentosas, rupturas ni búsquedas por fuera de los aspectos formales, sí hallará —desde lo aparentemente consuetudinario— una dinámica que devuelve la palabra a su condición original. Perfectamente amalgamados, como si formaran parte de un organismo vivo, todos estos aspectos se van desarrollando dentro de una predominancia del plano diegético, generalmente manejado por un narrador en primera persona, utilizando el plano mimético exclusivamente como una válvula de escape a la tensión acumulada por la narración pura, en tanto puede verse un manejo muy dúctil y medido ya sea de la grafopeya como de la etopeya, predominando levemente la descripción sicológica por sobre la física, lo que resulta coherente con el tipo de narración propuesta por Majfud.

Finalmente, se podría decir que a diferencia de la tendencia más difundida dentro de su generación, Majfud no es lo que podría definirse como un escritor de subgénero fantástico; no obstante, el manejo narrativo de los delirios y las visiones oníricas que el escritor hace, lo inscribe dentro del realismo extraño, muy cercano al campo de la literatura fantástica.

En torno a los distintos puntos que he intentado desarrollar en este rápido análisis, para ilustrar todo lo dicho, se hace necesario ir directamente a la voz del propio autor, tomando un fragmento de su narrativa, extraído de la novela *Hacia qué patrias del silencio*:

El arte es el medio por el cual el hombre se evade del presente. Se bajaba de la ventana y se sentaba en el piso. Pero hay que reconocer que toda definición es una simplificación, un pecado del intelecto. Los libros que estaban en el piso eran los últimos que había leído, seguramente. El hombre se ha pasado la Historia inventando islas perdidas en tiempos remotos. *Once upon a time there was a king who had a daughter...* Y todo aquello que está en el horizonte, (in)justo allí donde la realidad pierde su elocuencia y se hace inalcanzable. Mitos, leyendas, historias fantásticas y sueños realistas. Allí donde todo es pasado o futuro (nostalgia y esperanza), pero nunca presente; allí donde pueden estar el Paraíso y la Tierra Prometida. Deduzco que el Infierno es el presente, decía acomodándose entre los almohadones. Para el Islam, el Infierno es de fuego, es decir, el sol del desierto, el presente. Habrás leído el Corán. No mucho. En el paraíso corren ríos de agua fresca entre deliciosas sombras. Si Mahoma hubiese nacido en Siberia, ¿qué sería el Infierno? Un témpano de hielo. Correcto. Se reía. Algo semejante al infierno que la KGB acondicionó en la llanura Ártica para alojar a los infieles. ¿Te acordás del Patio de los Leones, en La Alhambra? Cómo no; lo recorrimos juntos. Ahí está esa recurrencia al agua, en las fuentes, en los canales (ríos geométricos) corriendo entre columnas esbeltas que terminan en capiteles como palmeras datileras. Todo un oasis simbólico, ideal, imagen indudable del paraíso entre los mahometanos. Arte, sueños, religión. La mirada del hombre puesta en el más allá, con dioses o sin dioses. Esperá un poco; démosle una perspectiva psicológica al asunto. Bueno. El pensamiento analógico, transgresor y asociativo rige tanto en el arte como en los sueños; la memoria recicla los recuerdos de la profunda infancia y hasta de siglos anteriores. Recuerdos prenatales. Ay, me encanta eso. Pero el existencialismo me lo prohíbe. En lugar de soles prenatales, como el flaco Bioy Casares, hablemos de *les images hypnagogiques*. Como una sombra, iba a la cocina y abría la heladera. Se quedaba un momento examinándola o pensando en algo, y finalmente sacaba unos cubitos de hielo. Cerraba y la oscuridad volvía con más fuerza. Yo descansaba yendo a ese apartamento que ella consideraba aburrido. Ella estaba rodeada de su presente y yo liberado del mío. ¿Qué hora es, ché? No llegamos más. El tipo del cigarrillo se animó a encenderlo poco antes de bajar. Pero la vida comúnmente se desarrolla en un escenario intermedio sin los paraísos y los infiernos imaginados por los hombres. El presente nunca será el Paraíso, eso es cierto, pero tampoco el Infierno. No, mientras incluya un horizonte, ese lugar en donde estarás vos un día cuando te recuerde. No hay imagen tenebrosa que incluya un horizonte. Miraba por la ventana; se hacía de noche. Podés recorrer los museos del mundo. Verás las imágenes más horribles que, como las pesadillas, la angustia, son un apretado Aquí. El Gehena es una mansión tenebrosa; el Infierno, un laberinto subterráneo: ambas expresiones de lugares cerrados. El significado más doloroso del horizonte (corregime si me equivoco) podrá ser la soledad, sí, pero no la peor de las soledades, ya que habrá un sueño, una esperanza: el más allá. Se levantaba y volvía a mirar Buenos Aires. La ciudad se extendía en millones de lucecitas bajo un cielo violeta. Bajamos en un lugar de la rambla en donde había un médano. Subía de la playa hasta invadir la vereda; debía tener dos metros de alto.

—Tenemos que caminar un poco —dijo Vassallo después de examinar un papel doblado en cuatro. Un dibujo con algunas indicaciones ilegibles. Debían ser del «Ruso», el único contacto que tenían los muchachos con el MLN.

No me despedí de ellos como había pensado. Sentí lástima al verlos tan nerviosos por nada. No podía abandonarlos ahora.

(117)

Como se verá, lo contradictorio entre la realidad y la ficción que refiere a esos hechos está unido por la sólida consistencia de la materia literaria manejada por Majfud. De la lectura de este breve fragmento podemos deducir que en la visión del autor somos realidad pero también resultamos palabra sobrevolando esa realidad. Desde esa dialéctica el mundo suele reconocerse como un lugar oscuro pero las palabras que designan y describen esa oscuridad no tienen por que perder su cuota de luz. Este aspecto, casi una ley física dentro del universo creado por Majfud, atraviesa a lo largo y a lo ancho toda su obra, pero es en *Hacia qué patrias del silencio* donde más patente se hace. En esta excelente novela —la historia de un preso político, donde se toca también el tema de la desaparición forzada— puede verse, en la prisión donde transcurre buena parte de la trama, una angustia objetiva por el mundo que nos tocó habitar, pero también una esperanza cargada de terca subjetividad, puesto su ojo en el Hombre. Así como debemos de desconfiar —visceralmente— de aquellos que con trivial ligereza sostienen que todo hombre tiene su precio (representados en el texto por torturadores, carceleros, y autores intelectuales que no aparecen pero están), de la misma forma debemos agradecer a los seres más bien anónimos que cruzan estas páginas diciéndonos con su ejemplo —la mejor y más válida forma de decir— que sí hay hombres sin precio, que sí hay hombres que no están ni estarán en venta jamás. Este estante para lo ético, ocupando los espacios más sensibles de su obra, es determinante en la escritura de Jorge Majfud, y es lo que de alguna manera contribuye con más fuerza a la idea de que estamos frente a un escritor que sin necesidad de gritar destempladamente se halla comprometido no sólo con su tiempo sino con algo que va más allá, y que ese compromiso atañe a lo esencialmente humano. De todas formas, no hay que confundir esta visión austeramente optimista del futuro con una suerte de meteorología literaria. No hay a lo largo de estas páginas pronósticos de ningún tipo, y mucho menos, predicciones agoreras; consciente de que la salida no será fácil de encontrar, Majfud elige no escribir parapetado sobre la realidad, y sí, en todo caso, desde el barro que ella provoca. La terca y sostenida búsqueda de una estética con contenido, establecida casi como una necesidad, mantiene una estrecha relación causa efecto con las tonalidades de una compleja realidad que se quiere desentrañar, ejerciendo para ello un alcance de concreción más allá aún de lo literario; la palabra como forma de expresión activa y no diseccionada, se mimetiza —dentro de esa búsqueda con algo de experimental— con las vivencias de la vida, en especial con el amor, la libertad y la justicia social. La individualidad de sus personajes, metafísicamente percibida como parte de un todo, necesita ir permanentemente hacia los demás, no para fundirse en una masa, sino por el contrario, para ir y volver multiplicado a (y desde) la propia conciencia, afirmando su lugar en el mundo.

Se podría decir entonces, para redondear, que a diferencia de otros buenos escritores que componen un tipo de narrativa donde predominan claramente la forma o la acción, entendidas como si ambas fueran incompatibles, Majfud logra con sencillez lo más difícil, ese equilibrio en que la dinámica de la historia a contar no se lleva por delante a la forma, y donde la forma —por su parte— no se regodea en sí misma de manera tal que la acción termine aplastada por cientos de palabras que no debieron pasar por allí en ese momento y lugar. La consigna, si la hay, sería la de elevar la literatura a una equilibrada combinación de compromiso y alegría por el goce estético que provoca la buena lectura.

Si la obra de Majfud es, como sospecho, la construcción de un camino propio y a la vez compartido, el trecho recorrido hasta ahora tiene la particularidad de generar la distancia necesaria para una evaluación rápida, una perspectiva ideal que invita a detenerse brevemente para observar lo logrado, en pos de nuevos avances. Dotado de una intuición que a la hora de tomar decisiones suele ser el fiel de la balanza de todo buen escritor, Majfud ha ido encontrando ese camino sin perder el rumbo ni por un instante. Y en ese tránsito propio —lo haya buscado o no el autor— su literatura comienza a formar parte de un Uruguay que se mira a sí mismo, no con ojos contemplativos, sino de una forma sumamente autocrítica y para nada complaciente. En todo caso, este camino empedrado de libros —los del Majfud lector puro y los del Majfud escritor— termina desembocando inevitablemente en una ruta que conduce sin desvíos hacia eso que alguien ha dado en llamar —muy acertadamente— la uruguayez.

Bibliografía

Majfud, Jorge. *Crítica de la pasión pura*. Montevideo: Ed. Graffiti, 1998.

———. *Hacia qué patrias del silencio. Memorias de un desaparecido*. Tenerife: Ed. Baile del Sol, 2001.

———. *La ciudad de la Luna*. Tenerife: Ed. Baile del Sol, 2002.

———. *La reina de América*. Tenerife: Ed. Baile del Sol, 2002.

———. *Perdona nuestros pecados*. Montevideo: E. G. Ediciones, 2007.

Versos a propósito

Poemas de Gustavo Esmoris

Al Sur (poesía al paso)

Hay una penumbra oblicua
otra forma de agonía subterránea
y mi rescatado tal vez perdido en ella
sin motivo el recuerdo
de un pájaro
atropellado en algún lugar
como la tarde
triste
nace al sur
azogue involuntario
del tiempo resistiendo
a mis espaldas

Comprobación de la poesía

Vertical
por mil causas
la poesía existe
el hombre la conduce como puede
sobre el urgente contorno
de sus tragedias
Dolorosa génesis
con solitario testigo
la poesía
créanme
de verdad existe
aunque esta noche no sepa muy bien
qué hacer
con ella

De *Calles vacías*, Ediciones de la Banda Oriental, 1998.

Una mujer de humo

una mujer desliza bajo mis párpados los sueños
[más perfectos
avanza respirando en busca de agua
combate con mis huesos
derrama sin nostalgia sus historias las vuelve un poco
[mías
esa mujer de humo aferrada complaciente a la mañana
[ata trozos de vida
me ve extraviarme brevemente por calles imposibles
de donde siempre vuelvo con un pan
entre sábanas blancas la imagino despierta
alimentándose de flores meciendo a nuestro hijo
desplegando desnuda y sin tránsito su risa

Signos (Traduzco mar lejano)

Al sur
        del desayuno con cerveza
y de las puertas giratorias
vive ese mar lejano
que desemboca en mí
siempre su viento de invisible trama
soplando silencioso aquí en la sangre

los mástiles heridos de mi barrio
basta cerrar los ojos
para verlos izar sobre su asombro
los colores de un sueño antiguo
todo lo que poseo

Senda

El hombre de raza triste
que empuja este rostro
va quedando vacío de sueños
y en sus heridas

                                        invisibles
se desangra una época
en qué momento me volveré prisionero

                            afiche de la derrota
o cuándo

                                    en cambio
                                    terminaré
abandonando para siempre
el puntual paquete de culpas

                            a mi nombre

Adán del Hombre Nuevo

Alzando sin más ritos
las últimas palabras
regresa desollado
piadoso hombre sin llanto
a la batalla
a tu noche de sol donde la Historia
no tiene vuelta atrás
En calles de otro tiempo
clandestino en el dibujo de mi brazo
allí te espero

Andamios

Qué tenaz es la Tierra
cuando juega sin tregua
cómo atrae a los hombres
que pueblan los andamios

Temas

L e agradecemos el tiempo destinado a la lectura de *Conficciones*. Esperamos haya sido de su interés y que lo recomiende a más lectoras y lectores.

E diciones Dyskolo es un proyecto que propone una relación diferente entre quienes escriben y cuantas personas disfrutan de la lectura. Que rehuye la mercantilización del libro, antepone el valor de uso al de cambio, y busca lectores satisfechos no clientes consumidores. Ya decía Antonio Machado que *todo necio confunde valor con precio.*

E scogemos libros comprometidos: con su tiempo, y con su género y forma. *Toda poética siempre lleva implícita una ética* (Juan Gabriel Vásquez). Somos parte de un relato que viene de más atrás. Continuidad que nos permite pensar en el pasado para comprender el presente e imaginar el futuro.

R ecabamos apoyo económico gracias a un modelo de suscripción que ayuda a mantener nuestra línea editorial al margen de modas comerciales. Puede visitar nuestra web (www.dyskolo.cc) para tener información sobre las novedades de la editorial o hacernos llegar opiniones y sugerencias.